This Christmas card address b[...]
Christmas card addresses in or
you send and receive cards.

This book is organized alphabetically with 4-6 pages for
each letter of the alphabet. In addition to having space
for addresses and email, each address box contains a
tick box for sent and received cards.

How to use:
* fill in the year box '20'_ with the current year
* tick the 'S' (Sent) box when you send a card
* tick the 'R' (Received) box when you receive a card

Have a wonderful Christmas!

Name										
Address	20___		20___		20___		20___		20___	
	S	R	S	R	S	R	S	R	S	R
	20___		20___		20___		20___		20___	
Email	S	R	S	R	S	R	S	R	S	R

Name											
Address	20___		20___		20___		20___		20___	
	S	R	S	R	S	R	S	R	S	R
	20___		20___		20___		20___		20___	
Email	S	R	S	R	S	R	S	R	S	R

Name											
Address	20___		20___		20___		20___		20___	
	S	R	S	R	S	R	S	R	S	R
	20___		20___		20___		20___		20___	
Email	S	R	S	R	S	R	S	R	S	R

Name											
Address	20___		20___		20___		20___		20___	
	S	R	S	R	S	R	S	R	S	R
	20___		20___		20___		20___		20___	
Email	S	R	S	R	S	R	S	R	S	R

Card 1

Name

Address

20___		20___		20___		20___		20___	
S	R	S	R	S	R	S	R	S	R

20___		20___		20___		20___		20___	
S	R	S	R	S	R	S	R	S	R

Email

Card 2

Name

Address

20___		20___		20___		20___		20___	
S	R	S	R	S	R	S	R	S	R

20___		20___		20___		20___		20___	
S	R	S	R	S	R	S	R	S	R

Email

Card 3

Name

Address

20___		20___		20___		20___		20___	
S	R	S	R	S	R	S	R	S	R

20___		20___		20___		20___		20___	
S	R	S	R	S	R	S	R	S	R

Email

Card 4

Name

Address

20___		20___		20___		20___		20___	
S	R	S	R	S	R	S	R	S	R

20___		20___		20___		20___		20___	
S	R	S	R	S	R	S	R	S	R

Email

A

Name										
Address	20___		20___		20___		20___		20___	
	S	R	S	R	S	R	S	R	S	R
	20___		20___		20___		20___		20___	
Email	S	R	S	R	S	R	S	R	S	R

Name										
Address	20___		20___		20___		20___		20___	
	S	R	S	R	S	R	S	R	S	R
	20___		20___		20___		20___		20___	
Email	S	R	S	R	S	R	S	R	S	R

Name										
Address	20___		20___		20___		20___		20___	
	S	R	S	R	S	R	S	R	S	R
	20___		20___		20___		20___		20___	
Email	S	R	S	R	S	R	S	R	S	R

Name										
Address	20___		20___		20___		20___		20___	
	S	R	S	R	S	R	S	R	S	R
	20___		20___		20___		20___		20___	
Email	S	R	S	R	S	R	S	R	S	R

Name

Address

20___	20___	20___	20___	20___
S	R	S	R	S	R	S	R	S	R

20___	20___	20___	20___	20___

Email

20___	20___	20___	20___	20___
S	R	S	R	S	R	S	R	S	R

Name

Address

20___	20___	20___	20___	20___
S	R	S	R	S	R	S	R	S	R

20___	20___	20___	20___	20___

Email

S	R	S	R	S	R	S	R	S	R

Name

Address

20___	20___	20___	20___	20___
S	R	S	R	S	R	S	R	S	R

20___	20___	20___	20___	20___

Email

S	R	S	R	S	R	S	R	S	R

Name

Address

20___	20___	20___	20___	20___
S	R	S	R	S	R	S	R	S	R

20___	20___	20___	20___	20___

Email

S	R	S	R	S	R	S	R	S	R

A

Name											
Address	20___		20___		20___		20___		20___		
	S	R	S	R	S	R	S	R	S	R	
	20___		20___		20___		20___		20___		
Email	S	R	S	R	S	R	S	R	S	R	

Name											
Address	20___		20___		20___		20___		20___		
	S	R	S	R	S	R	S	R	S	R	
	20___		20___		20___		20___		20___		
Email	S	R	S	R	S	R	S	R	S	R	

Name											
Address	20___		20___		20___		20___		20___		
	S	R	S	R	S	R	S	R	S	R	
	20___		20___		20___		20___		20___		
Email	S	R	S	R	S	R	S	R	S	R	

Name											
Address	20___		20___		20___		20___		20___		
	S	R	S	R	S	R	S	R	S	R	
	20___		20___		20___		20___		20___		
Email	S	R	S	R	S	R	S	R	S	R	

Name

Address

20___		20___		20___		20___		20___	
S	R	S	R	S	R	S	R	S	R

20___		20___		20___		20___		20___	
S	R	S	R	S	R	S	R	S	R

Email

Name

Address

20___		20___		20___		20___		20___	
S	R	S	R	S	R	S	R	S	R

20___		20___		20___		20___		20___	
S	R	S	R	S	R	S	R	S	R

Email

Name

Address

20___		20___		20___		20___		20___	
S	R	S	R	S	R	S	R	S	R

20___		20___		20___		20___		20___	
S	R	S	R	S	R	S	R	S	R

Email

Name

Address

20___		20___		20___		20___		20___	
S	R	S	R	S	R	S	R	S	R

20___		20___		20___		20___		20___	
S	R	S	R	S	R	S	R	S	R

Email

Name

Address

	20___		20___		20___		20___		20___	
	S	R	S	R	S	R	S	R	S	R
	20___		20___		20___		20___		20___	
	S	R	S	R	S	R	S	R	S	R

Email

Name

Address

	20___		20___		20___		20___		20___	
	S	R	S	R	S	R	S	R	S	R
	20___		20___		20___		20___		20___	
	S	R	S	R	S	R	S	R	S	R

Email

Name

Address

	20___		20___		20___		20___		20___	
	S	R	S	R	S	R	S	R	S	R
	20___		20___		20___		20___		20___	
	S	R	S	R	S	R	S	R	S	R

Email

Name

Address

	20___		20___		20___		20___		20___	
	S	R	S	R	S	R	S	R	S	R
	20___		20___		20___		20___		20___	
	S	R	S	R	S	R	S	R	S	R

Email

Name

Address

	20___		20___		20___		20___		20___	
	S	R	S	R	S	R	S	R	S	R

	20___		20___		20___		20___		20___	
	S	R	S	R	S	R	S	R	S	R

Email

Name

Address

	20___		20___		20___		20___		20___	
	S	R	S	R	S	R	S	R	S	R

	20___		20___		20___		20___		20___	
	S	R	S	R	S	R	S	R	S	R

Email

Name

Address

	20___		20___		20___		20___		20___	
	S	R	S	R	S	R	S	R	S	R

	20___		20___		20___		20___		20___	
	S	R	S	R	S	R	S	R	S	R

Email

Name

Address

	20___		20___		20___		20___		20___	
	S	R	S	R	S	R	S	R	S	R

	20___		20___		20___		20___		20___	
	S	R	S	R	S	R	S	R	S	R

Email

Name										
Address	20___		20___		20___		20___		20___	
	S	R	S	R	S	R	S	R	S	R
	20___		20___		20___		20___		20___	
Email	S	R	S	R	S	R	S	R	S	R

Name										
Address	20___		20___		20___		20___		20___	
	S	R	S	R	S	R	S	R	S	R
	20___		20___		20___		20___		20___	
Email	S	R	S	R	S	R	S	R	S	R

Name										
Address	20___		20___		20___		20___		20___	
	S	R	S	R	S	R	S	R	S	R
	20___		20___		20___		20___		20___	
Email	S	R	S	R	S	R	S	R	S	R

Name										
Address	20___		20___		20___		20___		20___	
	S	R	S	R	S	R	S	R	S	R
	20___		20___		20___		20___		20___	
Email	S	R	S	R	S	R	S	R	S	R

Name										
Address	20___		20___		20___		20___		20___	
	S	R	S	R	S	R	S	R	S	R
	20___		20___		20___		20___		20___	
Email	S	R	S	R	S	R	S	R	S	R

Name										
Address	20___		20___		20___		20___		20___	
	S	R	S	R	S	R	S	R	S	R
	20___		20___		20___		20___		20___	
Email	S	R	S	R	S	R	S	R	S	R

Name										
Address	20___		20___		20___		20___		20___	
	S	R	S	R	S	R	S	R	S	R
	20___		20___		20___		20___		20___	
Email	S	R	S	R	S	R	S	R	S	R

Name										
Address	20___		20___		20___		20___		20___	
	S	R	S	R	S	R	S	R	S	R
	20___		20___		20___		20___		20___	
Email	S	R	S	R	S	R	S	R	S	R

Name										
Address	20___		20___		20___		20___		20___	
	S	R	S	R	S	R	S	R	S	R
	20___		20___		20___		20___		20___	
Email	S	R	S	R	S	R	S	R	S	R

Name										
Address	20___		20___		20___		20___		20___	
	S	R	S	R	S	R	S	R	S	R
	20___		20___		20___		20___		20___	
Email	S	R	S	R	S	R	S	R	S	R

Name										
Address	20___		20___		20___		20___		20___	
	S	R	S	R	S	R	S	R	S	R
	20___		20___		20___		20___		20___	
Email	S	R	S	R	S	R	S	R	S	R

Name										
Address	20___		20___		20___		20___		20___	
	S	R	S	R	S	R	S	R	S	R
	20___		20___		20___		20___		20___	
Email	S	R	S	R	S	R	S	R	S	R

Entry 1

Name										
Address	20___		20___		20___		20___		20___	
	S	R	S	R	S	R	S	R	S	R
	20___		20___		20___		20___		20___	
Email	S	R	S	R	S	R	S	R	S	R

Entry 2

Name										
Address	20___		20___		20___		20___		20___	
	S	R	S	R	S	R	S	R	S	R
	20___		20___		20___		20___		20___	
Email	S	R	S	R	S	R	S	R	S	R

Entry 3

Name										
Address	20___		20___		20___		20___		20___	
	S	R	S	R	S	R	S	R	S	R
	20___		20___		20___		20___		20___	
Email	S	R	S	R	S	R	S	R	S	R

Entry 4

Name										
Address	20___		20___		20___		20___		20___	
	S	R	S	R	S	R	S	R	S	R
	20___		20___		20___		20___		20___	
Email	S	R	S	R	S	R	S	R	S	R

C

Name										
Address	20___		20___		20___		20___		20___	
	S	R	S	R	S	R	S	R	S	R
	20___		20___		20___		20___		20___	
Email	S	R	S	R	S	R	S	R	S	R

Name										
Address	20___		20___		20___		20___		20___	
	S	R	S	R	S	R	S	R	S	R
	20___		20___		20___		20___		20___	
Email	S	R	S	R	S	R	S	R	S	R

Name										
Address	20___		20___		20___		20___		20___	
	S	R	S	R	S	R	S	R	S	R
	20___		20___		20___		20___		20___	
Email	S	R	S	R	S	R	S	R	S	R

Name										
Address	20___		20___		20___		20___		20___	
	S	R	S	R	S	R	S	R	S	R
	20___		20___		20___		20___		20___	
Email	S	R	S	R	S	R	S	R	S	R

Name											
Address	20___		20___		20___		20___		20___		
	S	R	S	R	S	R	S	R	S	R	
	20___		20___		20___		20___		20___		
Email	S	R	S	R	S	R	S	R	S	R	

Name											
Address	20___		20___		20___		20___		20___		
	S	R	S	R	S	R	S	R	S	R	
	20___		20___		20___		20___		20___		
Email	S	R	S	R	S	R	S	R	S	R	

Name											
Address	20___		20___		20___		20___		20___		
	S	R	S	R	S	R	S	R	S	R	
	20___		20___		20___		20___		20___		
Email	S	R	S	R	S	R	S	R	S	R	

Name											
Address	20___		20___		20___		20___		20___		
	S	R	S	R	S	R	S	R	S	R	
	20___		20___		20___		20___		20___		
Email	S	R	S	R	S	R	S	R	S	R	

D

Name										
Address	20___		20___		20___		20___		20___	
	S	R	S	R	S	R	S	R	S	R
	20___		20___		20___		20___		20___	
Email	S	R	S	R	S	R	S	R	S	R

Name										
Address	20___		20___		20___		20___		20___	
	S	R	S	R	S	R	S	R	S	R
	20___		20___		20___		20___		20___	
Email	S	R	S	R	S	R	S	R	S	R

Name										
Address	20___		20___		20___		20___		20___	
	S	R	S	R	S	R	S	R	S	R
	20___		20___		20___		20___		20___	
Email	S	R	S	R	S	R	S	R	S	R

Name										
Address	20___		20___		20___		20___		20___	
	S	R	S	R	S	R	S	R	S	R
	20___		20___		20___		20___		20___	
Email	S	R	S	R	S	R	S	R	S	R

Name

Address	20___		20___		20___		20___		20___	
	S	R	S	R	S	R	S	R	S	R
	20___		20___		20___		20___		20___	
Email	S	R	S	R	S	R	S	R	S	R

Name

Address	20___		20___		20___		20___		20___	
	S	R	S	R	S	R	S	R	S	R
	20___		20___		20___		20___		20___	
Email	S	R	S	R	S	R	S	R	S	R

Name

Address	20___		20___		20___		20___		20___	
	S	R	S	R	S	R	S	R	S	R
	20___		20___		20___		20___		20___	
Email	S	R	S	R	S	R	S	R	S	R

Name

Address	20___		20___		20___		20___		20___	
	S	R	S	R	S	R	S	R	S	R
	20___		20___		20___		20___		20___	
Email	S	R	S	R	S	R	S	R	S	R

Name										
Address	20___		20___		20___		20___		20___	
	S	R	S	R	S	R	S	R	S	R
	20___		20___		20___		20___		20___	
Email	S	R	S	R	S	R	S	R	S	R

Name										
Address	20___		20___		20___		20___		20___	
	S	R	S	R	S	R	S	R	S	R
	20___		20___		20___		20___		20___	
Email	S	R	S	R	S	R	S	R	S	R

Name										
Address	20___		20___		20___		20___		20___	
	S	R	S	R	S	R	S	R	S	R
	20___		20___		20___		20___		20___	
Email	S	R	S	R	S	R	S	R	S	R

Name										
Address	20___		20___		20___		20___		20___	
	S	R	S	R	S	R	S	R	S	R
	20___		20___		20___		20___		20___	
Email	S	R	S	R	S	R	S	R	S	R

Name

Address

20___		20___		20___		20___		20___	
S	R	S	R	S	R	S	R	S	R
20___		20___		20___		20___		20___	
S	R	S	R	S	R	S	R	S	R

Email

Name

Address

20___		20___		20___		20___		20___	
S	R	S	R	S	R	S	R	S	R
20___		20___		20___		20___		20___	
S	R	S	R	S	R	S	R	S	R

Email

Name

Address

20___		20___		20___		20___		20___	
S	R	S	R	S	R	S	R	S	R
20___		20___		20___		20___		20___	
S	R	S	R	S	R	S	R	S	R

Email

Name

Address

20___		20___		20___		20___		20___	
S	R	S	R	S	R	S	R	S	R
20___		20___		20___		20___		20___	
S	R	S	R	S	R	S	R	S	R

Email

Card 1

Name

Address _____

20___		20___		20___		20___		20___	
S	R	S	R	S	R	S	R	S	R

20___		20___		20___		20___		20___	
S	R	S	R	S	R	S	R	S	R

Email

Card 2

Name

Address _____

20___		20___		20___		20___		20___	
S	R	S	R	S	R	S	R	S	R

20___		20___		20___		20___		20___	
S	R	S	R	S	R	S	R	S	R

Email

Card 3

Name

Address _____

20___		20___		20___		20___		20___	
S	R	S	R	S	R	S	R	S	R

20___		20___		20___		20___		20___	
S	R	S	R	S	R	S	R	S	R

Email

Card 4

Name

Address _____

20___		20___		20___		20___		20___	
S	R	S	R	S	R	S	R	S	R

20___		20___		20___		20___		20___	
S	R	S	R	S	R	S	R	S	R

Email

Name										
Address	20___		20___		20___		20___		20___	
	S	R	S	R	S	R	S	R	S	R
	20___		20___		20___		20___		20___	
Email	S	R	S	R	S	R	S	R	S	R

Name										
Address	20___		20___		20___		20___		20___	
	S	R	S	R	S	R	S	R	S	R
	20___		20___		20___		20___		20___	
Email	S	R	S	R	S	R	S	R	S	R

Name										
Address	20___		20___		20___		20___		20___	
	S	R	S	R	S	R	S	R	S	R
	20___		20___		20___		20___		20___	
Email	S	R	S	R	S	R	S	R	S	R

Name										
Address	20___		20___		20___		20___		20___	
	S	R	S	R	S	R	S	R	S	R
	20___		20___		20___		20___		20___	
Email	S	R	S	R	S	R	S	R	S	R

Block 1

Name

Address	20___		20___		20___		20___		20___	
	S	R	S	R	S	R	S	R	S	R
	20___		20___		20___		20___		20___	
Email	S	R	S	R	S	R	S	R	S	R

Block 2

Name

Address	20___		20___		20___		20___		20___	
	S	R	S	R	S	R	S	R	S	R
	20___		20___		20___		20___		20___	
Email	S	R	S	R	S	R	S	R	S	R

Block 3

Name

Address	20___		20___		20___		20___		20___	
	S	R	S	R	S	R	S	R	S	R
	20___		20___		20___		20___		20___	
Email	S	R	S	R	S	R	S	R	S	R

Block 4

Name

Address	20___		20___		20___		20___		20___	
	S	R	S	R	S	R	S	R	S	R
	20___		20___		20___		20___		20___	
Email	S	R	S	R	S	R	S	R	S	R

Name

Address

20___		20___		20___		20___		20___	
S	R	S	R	S	R	S	R	S	R
20___		20___		20___		20___		20___	
S	R	S	R	S	R	S	R	S	R

Email

Name

Address

20___		20___		20___		20___		20___	
S	R	S	R	S	R	S	R	S	R
20___		20___		20___		20___		20___	
S	R	S	R	S	R	S	R	S	R

Email

Name

Address

20___		20___		20___		20___		20___	
S	R	S	R	S	R	S	R	S	R
20___		20___		20___		20___		20___	
S	R	S	R	S	R	S	R	S	R

Email

Name

Address

20___		20___		20___		20___		20___	
S	R	S	R	S	R	S	R	S	R
20___		20___		20___		20___		20___	
S	R	S	R	S	R	S	R	S	R

Email

Name										
Address	20___		20___		20___		20___		20___	
	S	R	S	R	S	R	S	R	S	R
	20___		20___		20___		20___		20___	
Email	S	R	S	R	S	R	S	R	S	R

Name										
Address	20___		20___		20___		20___		20___	
	S	R	S	R	S	R	S	R	S	R
	20___		20___		20___		20___		20___	
Email	S	R	S	R	S	R	S	R	S	R

Name										
Address	20___		20___		20___		20___		20___	
	S	R	S	R	S	R	S	R	S	R
	20___		20___		20___		20___		20___	
Email	S	R	S	R	S	R	S	R	S	R

Name										
Address	20___		20___		20___		20___		20___	
	S	R	S	R	S	R	S	R	S	R
	20___		20___		20___		20___		20___	
Email	S	R	S	R	S	R	S	R	S	R

Name

Address

20___		20___		20___		20___		20___	
S	R	S	R	S	R	S	R	S	R

20___		20___		20___		20___		20___	
S	R	S	R	S	R	S	R	S	R

Email

Name

Address

20___		20___		20___		20___		20___	
S	R	S	R	S	R	S	R	S	R

20___		20___		20___		20___		20___	
S	R	S	R	S	R	S	R	S	R

Email

Name

Address

20___		20___		20___		20___		20___	
S	R	S	R	S	R	S	R	S	R

20___		20___		20___		20___		20___	
S	R	S	R	S	R	S	R	S	R

Email

Name

Address

20___		20___		20___		20___		20___	
S	R	S	R	S	R	S	R	S	R

20___		20___		20___		20___		20___	
S	R	S	R	S	R	S	R	S	R

Email

F

Name										
Address	20___		20___		20___		20___		20___	
	S	R	S	R	S	R	S	R	S	R
	20___		20___		20___		20___		20___	
Email	S	R	S	R	S	R	S	R	S	R

Name										
Address	20___		20___		20___		20___		20___	
	S	R	S	R	S	R	S	R	S	R
	20___		20___		20___		20___		20___	
Email	S	R	S	R	S	R	S	R	S	R

Name										
Address	20___		20___		20___		20___		20___	
	S	R	S	R	S	R	S	R	S	R
	20___		20___		20___		20___		20___	
Email	S	R	S	R	S	R	S	R	S	R

Name										
Address	20___		20___		20___		20___		20___	
	S	R	S	R	S	R	S	R	S	R
	20___		20___		20___		20___		20___	
Email	S	R	S	R	S	R	S	R	S	R

Name

Address	20___		20___		20___		20___		20___	
	S	R	S	R	S	R	S	R	S	R
	20___		20___		20___		20___		20___	
Email	S	R	S	R	S	R	S	R	S	R

Name

Address	20___		20___		20___		20___		20___	
	S	R	S	R	S	R	S	R	S	R
	20___		20___		20___		20___		20___	
Email	S	R	S	R	S	R	S	R	S	R

Name

Address	20___		20___		20___		20___		20___	
	S	R	S	R	S	R	S	R	S	R
	20___		20___		20___		20___		20___	
Email	S	R	S	R	S	R	S	R	S	R

Name

Address	20___		20___		20___		20___		20___	
	S	R	S	R	S	R	S	R	S	R
	20___		20___		20___		20___		20___	
Email	S	R	S	R	S	R	S	R	S	R

Name										
Address	20___		20___		20___		20___		20___	
	S	R	S	R	S	R	S	R	S	R
	20___		20___		20___		20___		20___	
Email	S	R	S	R	S	R	S	R	S	R

Name										
Address	20___		20___		20___		20___		20___	
	S	R	S	R	S	R	S	R	S	R
	20___		20___		20___		20___		20___	
Email	S	R	S	R	S	R	S	R	S	R

Name										
Address	20___		20___		20___		20___		20___	
	S	R	S	R	S	R	S	R	S	R
	20___		20___		20___		20___		20___	
Email	S	R	S	R	S	R	S	R	S	R

Name										
Address	20___		20___		20___		20___		20___	
	S	R	S	R	S	R	S	R	S	R
	20___		20___		20___		20___		20___	
Email	S	R	S	R	S	R	S	R	S	R

Name

Address

	20___		20___		20___		20___		20___	
	S	R	S	R	S	R	S	R	S	R
	20___		20___		20___		20___		20___	
	S	R	S	R	S	R	S	R	S	R

Email

Name

Address

	20___		20___		20___		20___		20___	
	S	R	S	R	S	R	S	R	S	R
	20___		20___		20___		20___		20___	
	S	R	S	R	S	R	S	R	S	R

Email

Name

Address

	20___		20___		20___		20___		20___	
	S	R	S	R	S	R	S	R	S	R
	20___		20___		20___		20___		20___	
	S	R	S	R	S	R	S	R	S	R

Email

Name

Address

	20___		20___		20___		20___		20___	
	S	R	S	R	S	R	S	R	S	R
	20___		20___		20___		20___		20___	
	S	R	S	R	S	R	S	R	S	R

Email

Name										
Address	20___		20___		20___		20___		20___	
	S	R	S	R	S	R	S	R	S	R
	20___		20___		20___		20___		20___	
Email	S	R	S	R	S	R	S	R	S	R

Name										
Address	20___		20___		20___		20___		20___	
	S	R	S	R	S	R	S	R	S	R
	20___		20___		20___		20___		20___	
Email	S	R	S	R	S	R	S	R	S	R

Name										
Address	20___		20___		20___		20___		20___	
	S	R	S	R	S	R	S	R	S	R
	20___		20___		20___		20___		20___	
Email	S	R	S	R	S	R	S	R	S	R

Name										
Address	20___		20___		20___		20___		20___	
	S	R	S	R	S	R	S	R	S	R
	20___		20___		20___		20___		20___	
Email	S	R	S	R	S	R	S	R	S	R

Name

Address

	20___		20___		20___		20___		20___	
	S	R	S	R	S	R	S	R	S	R
	20___		20___		20___		20___		20___	
	S	R	S	R	S	R	S	R	S	R

Email

Name

Address

	20___		20___		20___		20___		20___	
	S	R	S	R	S	R	S	R	S	R
	20___		20___		20___		20___		20___	
	S	R	S	R	S	R	S	R	S	R

Email

Name

Address

	20___		20___		20___		20___		20___	
	S	R	S	R	S	R	S	R	S	R
	20___		20___		20___		20___		20___	
	S	R	S	R	S	R	S	R	S	R

Email

Name

Address

	20___		20___		20___		20___		20___	
	S	R	S	R	S	R	S	R	S	R
	20___		20___		20___		20___		20___	
	S	R	S	R	S	R	S	R	S	R

Email

G

Entry 1

Name										
Address	20___		20___		20___		20___		20___	
	S	R	S	R	S	R	S	R	S	R
	20___		20___		20___		20___		20___	
Email	S	R	S	R	S	R	S	R	S	R

Entry 2

Name										
Address	20___		20___		20___		20___		20___	
	S	R	S	R	S	R	S	R	S	R
	20___		20___		20___		20___		20___	
Email	S	R	S	R	S	R	S	R	S	R

Entry 3

Name										
Address	20___		20___		20___		20___		20___	
	S	R	S	R	S	R	S	R	S	R
	20___		20___		20___		20___		20___	
Email	S	R	S	R	S	R	S	R	S	R

Entry 4

Name										
Address	20___		20___		20___		20___		20___	
	S	R	S	R	S	R	S	R	S	R
	20___		20___		20___		20___		20___	
Email	S	R	S	R	S	R	S	R	S	R

Name

Address	20___		20___		20___		20___		20___	
	S	R	S	R	S	R	S	R	S	R
	20___		20___		20___		20___		20___	
Email	S	R	S	R	S	R	S	R	S	R

Name

Address	20___		20___		20___		20___		20___	
	S	R	S	R	S	R	S	R	S	R
	20___		20___		20___		20___		20___	
Email	S	R	S	R	S	R	S	R	S	R

Name

Address	20___		20___		20___		20___		20___	
	S	R	S	R	S	R	S	R	S	R
	20___		20___		20___		20___		20___	
Email	S	R	S	R	S	R	S	R	S	R

Name

Address	20___		20___		20___		20___		20___	
	S	R	S	R	S	R	S	R	S	R
	20___		20___		20___		20___		20___	
Email	S	R	S	R	S	R	S	R	S	R

H

Name											

Card 1

Address	20___		20___		20___		20___		20___	
	S	R	S	R	S	R	S	R	S	R
	20___		20___		20___		20___		20___	
Email	S	R	S	R	S	R	S	R	S	R

Card 2

Name											

Address	20___		20___		20___		20___		20___	
	S	R	S	R	S	R	S	R	S	R
	20___		20___		20___		20___		20___	
Email	S	R	S	R	S	R	S	R	S	R

Card 3

Name											

Address	20___		20___		20___		20___		20___	
	S	R	S	R	S	R	S	R	S	R
	20___		20___		20___		20___		20___	
Email	S	R	S	R	S	R	S	R	S	R

Card 4

Name											

Address	20___		20___		20___		20___		20___	
	S	R	S	R	S	R	S	R	S	R
	20___		20___		20___		20___		20___	
Email	S	R	S	R	S	R	S	R	S	R

Name

Address

20___		20___		20___		20___		20___	
S	R	S	R	S	R	S	R	S	R

20___		20___		20___		20___		20___	
S	R	S	R	S	R	S	R	S	R

Email

Name

Address

20___		20___		20___		20___		20___	
S	R	S	R	S	R	S	R	S	R

20___		20___		20___		20___		20___	
S	R	S	R	S	R	S	R	S	R

Email

Name

Address

20___		20___		20___		20___		20___	
S	R	S	R	S	R	S	R	S	R

20___		20___		20___		20___		20___	
S	R	S	R	S	R	S	R	S	R

Email

Name

Address

20___		20___		20___		20___		20___	
S	R	S	R	S	R	S	R	S	R

20___		20___		20___		20___		20___	
S	R	S	R	S	R	S	R	S	R

Email

Name

Address

	20___		20___		20___		20___		20___	
	S	R	S	R	S	R	S	R	S	R
	20___		20___		20___		20___		20___	
	S	R	S	R	S	R	S	R	S	R

Email

Name

Address

	20___		20___		20___		20___		20___	
	S	R	S	R	S	R	S	R	S	R
	20___		20___		20___		20___		20___	
	S	R	S	R	S	R	S	R	S	R

Email

Name

Address

	20___		20___		20___		20___		20___	
	S	R	S	R	S	R	S	R	S	R
	20___		20___		20___		20___		20___	
	S	R	S	R	S	R	S	R	S	R

Email

Name

Address

	20___		20___		20___		20___		20___	
	S	R	S	R	S	R	S	R	S	R
	20___		20___		20___		20___		20___	
	S	R	S	R	S	R	S	R	S	R

Email

Name

Address

20___		20___		20___		20___		20___	
S	R	S	R	S	R	S	R	S	R

20___		20___		20___		20___		20___	
S	R	S	R	S	R	S	R	S	R

Email

Name

Address

20___		20___		20___		20___		20___	
S	R	S	R	S	R	S	R	S	R

20___		20___		20___		20___		20___	
S	R	S	R	S	R	S	R	S	R

Email

Name

Address

20___		20___		20___		20___		20___	
S	R	S	R	S	R	S	R	S	R

20___		20___		20___		20___		20___	
S	R	S	R	S	R	S	R	S	R

Email

Name

Address

20___		20___		20___		20___		20___	
S	R	S	R	S	R	S	R	S	R

20___		20___		20___		20___		20___	
S	R	S	R	S	R	S	R	S	R

Email

Name										
Address	20___		20___		20___		20___		20___	
	S	R	S	R	S	R	S	R	S	R
	20___		20___		20___		20___		20___	
Email	S	R	S	R	S	R	S	R	S	R

Name										
Address	20___		20___		20___		20___		20___	
	S	R	S	R	S	R	S	R	S	R
	20___		20___		20___		20___		20___	
Email	S	R	S	R	S	R	S	R	S	R

Name										
Address	20___		20___		20___		20___		20___	
	S	R	S	R	S	R	S	R	S	R
	20___		20___		20___		20___		20___	
Email	S	R	S	R	S	R	S	R	S	R

Name										
Address	20___		20___		20___		20___		20___	
	S	R	S	R	S	R	S	R	S	R
	20___		20___		20___		20___		20___	
Email	S	R	S	R	S	R	S	R	S	R

Name

Address	20___		20___		20___		20___		20___	
	S	R	S	R	S	R	S	R	S	R
	20___		20___		20___		20___		20___	
Email	S	R	S	R	S	R	S	R	S	R

Name

Address	20___		20___		20___		20___		20___	
	S	R	S	R	S	R	S	R	S	R
	20___		20___		20___		20___		20___	
Email	S	R	S	R	S	R	S	R	S	R

Name

Address	20___		20___		20___		20___		20___	
	S	R	S	R	S	R	S	R	S	R
	20___		20___		20___		20___		20___	
Email	S	R	S	R	S	R	S	R	S	R

Name

Address	20___		20___		20___		20___		20___	
	S	R	S	R	S	R	S	R	S	R
	20___		20___		20___		20___		20___	
Email	S	R	S	R	S	R	S	R	S	R

Name											
Address		20___		20___		20___		20___		20___	
		S	R	S	R	S	R	S	R	S	R
		20___		20___		20___		20___		20___	
Email		S	R	S	R	S	R	S	R	S	R

Name											
Address		20___		20___		20___		20___		20___	
		S	R	S	R	S	R	S	R	S	R
		20___		20___		20___		20___		20___	
Email		S	R	S	R	S	R	S	R	S	R

Name											
Address		20___		20___		20___		20___		20___	
		S	R	S	R	S	R	S	R	S	R
		20___		20___		20___		20___		20___	
Email		S	R	S	R	S	R	S	R	S	R

Name											
Address		20___		20___		20___		20___		20___	
		S	R	S	R	S	R	S	R	S	R
		20___		20___		20___		20___		20___	
Email		S	R	S	R	S	R	S	R	S	R

Entry 1

Name

Address

20___		20___		20___		20___		20___	
S	R	S	R	S	R	S	R	S	R
20___		20___		20___		20___		20___	
S	R	S	R	S	R	S	R	S	R

Email

Entry 2

Name

Address

20___		20___		20___		20___		20___	
S	R	S	R	S	R	S	R	S	R
20___		20___		20___		20___		20___	
S	R	S	R	S	R	S	R	S	R

Email

Entry 3

Name

Address

20___		20___		20___		20___		20___	
S	R	S	R	S	R	S	R	S	R
20___		20___		20___		20___		20___	
S	R	S	R	S	R	S	R	S	R

Email

Entry 4

Name

Address

20___		20___		20___		20___		20___	
S	R	S	R	S	R	S	R	S	R
20___		20___		20___		20___		20___	
S	R	S	R	S	R	S	R	S	R

Email

Name										
Address	20___		20___		20___		20___		20___	
	S	R	S	R	S	R	S	R	S	R
	20___		20___		20___		20___		20___	
Email	S	R	S	R	S	R	S	R	S	R

Name										
Address	20___		20___		20___		20___		20___	
	S	R	S	R	S	R	S	R	S	R
	20___		20___		20___		20___		20___	
Email	S	R	S	R	S	R	S	R	S	R

Name										
Address	20___		20___		20___		20___		20___	
	S	R	S	R	S	R	S	R	S	R
	20___		20___		20___		20___		20___	
Email	S	R	S	R	S	R	S	R	S	R

Name										
Address	20___		20___		20___		20___		20___	
	S	R	S	R	S	R	S	R	S	R
	20___		20___		20___		20___		20___	
Email	S	R	S	R	S	R	S	R	S	R

Name

Address

	20___		20___		20___		20___		20___	
	S	R	S	R	S	R	S	R	S	R
	20___		20___		20___		20___		20___	
	S	R	S	R	S	R	S	R	S	R

Email

Name

Address

	20___		20___		20___		20___		20___	
	S	R	S	R	S	R	S	R	S	R
	20___		20___		20___		20___		20___	
	S	R	S	R	S	R	S	R	S	R

Email

Name

Address

	20___		20___		20___		20___		20___	
	S	R	S	R	S	R	S	R	S	R
	20___		20___		20___		20___		20___	
	S	R	S	R	S	R	S	R	S	R

Email

Name

Address

	20___		20___		20___		20___		20___	
	S	R	S	R	S	R	S	R	S	R
	20___		20___		20___		20___		20___	
	S	R	S	R	S	R	S	R	S	R

Email

Name										
Address	20___		20___		20___		20___		20___	
	S	R	S	R	S	R	S	R	S	R
	20___		20___		20___		20___		20___	
Email	S	R	S	R	S	R	S	R	S	R

Name										
Address	20___		20___		20___		20___		20___	
	S	R	S	R	S	R	S	R	S	R
	20___		20___		20___		20___		20___	
Email	S	R	S	R	S	R	S	R	S	R

Name										
Address	20___		20___		20___		20___		20___	
	S	R	S	R	S	R	S	R	S	R
	20___		20___		20___		20___		20___	
Email	S	R	S	R	S	R	S	R	S	R

Name										
Address	20___		20___		20___		20___		20___	
	S	R	S	R	S	R	S	R	S	R
	20___		20___		20___		20___		20___	
Email	S	R	S	R	S	R	S	R	S	R

Name

Address

20___		20___		20___		20___		20___	
S	R	S	R	S	R	S	R	S	R

20___		20___		20___		20___		20___	
S	R	S	R	S	R	S	R	S	R

Email

Name

Address

20___		20___		20___		20___		20___	
S	R	S	R	S	R	S	R	S	R

20___		20___		20___		20___		20___	
S	R	S	R	S	R	S	R	S	R

Email

Name

Address

20___		20___		20___		20___		20___	
S	R	S	R	S	R	S	R	S	R

20___		20___		20___		20___		20___	
S	R	S	R	S	R	S	R	S	R

Email

Name

Address

20___		20___		20___		20___		20___	
S	R	S	R	S	R	S	R	S	R

20___		20___		20___		20___		20___	
S	R	S	R	S	R	S	R	S	R

Email

Name										
Address	20___		20___		20___		20___		20___	
	S	R	S	R	S	R	S	R	S	R
	20___		20___		20___		20___		20___	
Email	S	R	S	R	S	R	S	R	S	R

Name										
Address	20___		20___		20___		20___		20___	
	S	R	S	R	S	R	S	R	S	R
	20___		20___		20___		20___		20___	
Email	S	R	S	R	S	R	S	R	S	R

Name										
Address	20___		20___		20___		20___		20___	
	S	R	S	R	S	R	S	R	S	R
	20___		20___		20___		20___		20___	
Email	S	R	S	R	S	R	S	R	S	R

Name										
Address	20___		20___		20___		20___		20___	
	S	R	S	R	S	R	S	R	S	R
	20___		20___		20___		20___		20___	
Email	S	R	S	R	S	R	S	R	S	R

Name

Address

20___		20___		20___		20___		20___	
S	R	S	R	S	R	S	R	S	R

20___		20___		20___		20___		20___	
S	R	S	R	S	R	S	R	S	R

Email

Name

Address

20___		20___		20___		20___		20___	
S	R	S	R	S	R	S	R	S	R

20___		20___		20___		20___		20___	
S	R	S	R	S	R	S	R	S	R

Email

Name

Address

20___		20___		20___		20___		20___	
S	R	S	R	S	R	S	R	S	R

20___		20___		20___		20___		20___	
S	R	S	R	S	R	S	R	S	R

Email

Name

Address

20___		20___		20___		20___		20___	
S	R	S	R	S	R	S	R	S	R

20___		20___		20___		20___		20___	
S	R	S	R	S	R	S	R	S	R

Email

Card 1

Name										
Address	20___		20___		20___		20___		20___	
	S	R	S	R	S	R	S	R	S	R
	20___		20___		20___		20___		20___	
Email	S	R	S	R	S	R	S	R	S	R

Card 2

Name										
Address	20___		20___		20___		20___		20___	
	S	R	S	R	S	R	S	R	S	R
	20___		20___		20___		20___		20___	
Email	S	R	S	R	S	R	S	R	S	R

Card 3

Name										
Address	20___		20___		20___		20___		20___	
	S	R	S	R	S	R	S	R	S	R
	20___		20___		20___		20___		20___	
Email	S	R	S	R	S	R	S	R	S	R

Card 4

Name										
Address	20___		20___		20___		20___		20___	
	S	R	S	R	S	R	S	R	S	R
	20___		20___		20___		20___		20___	
Email	S	R	S	R	S	R	S	R	S	R

Name

Address

20___		20___		20___		20___		20___	
S	R	S	R	S	R	S	R	S	R
20___		20___		20___		20___		20___	
S	R	S	R	S	R	S	R	S	R

Email

Name

Address

20___		20___		20___		20___		20___	
S	R	S	R	S	R	S	R	S	R
20___		20___		20___		20___		20___	
S	R	S	R	S	R	S	R	S	R

Email

Name

Address

20___		20___		20___		20___		20___	
S	R	S	R	S	R	S	R	S	R
20___		20___		20___		20___		20___	
S	R	S	R	S	R	S	R	S	R

Email

Name

Address

20___		20___		20___		20___		20___	
S	R	S	R	S	R	S	R	S	R
20___		20___		20___		20___		20___	
S	R	S	R	S	R	S	R	S	R

Email

Name										
Address	20___		20___		20___		20___		20___	
	S	R	S	R	S	R	S	R	S	R
	20___		20___		20___		20___		20___	
Email	S	R	S	R	S	R	S	R	S	R

Name										
Address	20___		20___		20___		20___		20___	
	S	R	S	R	S	R	S	R	S	R
	20___		20___		20___		20___		20___	
Email	S	R	S	R	S	R	S	R	S	R

Name										
Address	20___		20___		20___		20___		20___	
	S	R	S	R	S	R	S	R	S	R
	20___		20___		20___		20___		20___	
Email	S	R	S	R	S	R	S	R	S	R

Name										
Address	20___		20___		20___		20___		20___	
	S	R	S	R	S	R	S	R	S	R
	20___		20___		20___		20___		20___	
Email	S	R	S	R	S	R	S	R	S	R

Name

Address	20___		20___		20___		20___		20___	
	S	R	S	R	S	R	S	R	S	R
	20___		20___		20___		20___		20___	
Email	S	R	S	R	S	R	S	R	S	R

Name

Address	20___		20___		20___		20___		20___	
	S	R	S	R	S	R	S	R	S	R
	20___		20___		20___		20___		20___	
Email	S	R	S	R	S	R	S	R	S	R

Name

Address	20___		20___		20___		20___		20___	
	S	R	S	R	S	R	S	R	S	R
	20___		20___		20___		20___		20___	
Email	S	R	S	R	S	R	S	R	S	R

Name

Address	20___		20___		20___		20___		20___	
	S	R	S	R	S	R	S	R	S	R
	20___		20___		20___		20___		20___	
Email	S	R	S	R	S	R	S	R	S	R

L

Name										
Address	20___		20___		20___		20___		20___	
	S	R	S	R	S	R	S	R	S	R
	20___		20___		20___		20___		20___	
Email	S	R	S	R	S	R	S	R	S	R

Name										
Address	20___		20___		20___		20___		20___	
	S	R	S	R	S	R	S	R	S	R
	20___		20___		20___		20___		20___	
Email	S	R	S	R	S	R	S	R	S	R

Name										
Address	20___		20___		20___		20___		20___	
	S	R	S	R	S	R	S	R	S	R
	20___		20___		20___		20___		20___	
Email	S	R	S	R	S	R	S	R	S	R

Name										
Address	20___		20___		20___		20___		20___	
	S	R	S	R	S	R	S	R	S	R
	20___		20___		20___		20___		20___	
Email	S	R	S	R	S	R	S	R	S	R

Card 1

Name										
Address	20___		20___		20___		20___		20___	
	S	R	S	R	S	R	S	R	S	R
	20___		20___		20___		20___		20___	
Email	S	R	S	R	S	R	S	R	S	R

Card 2

Name										
Address	20___		20___		20___		20___		20___	
	S	R	S	R	S	R	S	R	S	R
	20___		20___		20___		20___		20___	
Email	S	R	S	R	S	R	S	R	S	R

Card 3

Name										
Address	20___		20___		20___		20___		20___	
	S	R	S	R	S	R	S	R	S	R
	20___		20___		20___		20___		20___	
Email	S	R	S	R	S	R	S	R	S	R

Card 4

Name										
Address	20___		20___		20___		20___		20___	
	S	R	S	R	S	R	S	R	S	R
	20___		20___		20___		20___		20___	
Email	S	R	S	R	S	R	S	R	S	R

Name

Address _____

20___		20___		20___		20___		20___	
S	R	S	R	S	R	S	R	S	R

20___		20___		20___		20___		20___	
S	R	S	R	S	R	S	R	S	R

Email _____

Name

Address _____

20___		20___		20___		20___		20___	
S	R	S	R	S	R	S	R	S	R

20___		20___		20___		20___		20___	
S	R	S	R	S	R	S	R	S	R

Email _____

Name

Address _____

20___		20___		20___		20___		20___	
S	R	S	R	S	R	S	R	S	R

20___		20___		20___		20___		20___	
S	R	S	R	S	R	S	R	S	R

Email _____

Name

Address _____

20___		20___		20___		20___		20___	
S	R	S	R	S	R	S	R	S	R

20___		20___		20___		20___		20___	
S	R	S	R	S	R	S	R	S	R

Email _____

Entry 1

Name											
Address	20___		20___		20___		20___		20___		
	S	R	S	R	S	R	S	R	S	R	
	20___		20___		20___		20___		20___		
Email	S	R	S	R	S	R	S	R	S	R	

Entry 2

Name											
Address	20___		20___		20___		20___		20___		
	S	R	S	R	S	R	S	R	S	R	
	20___		20___		20___		20___		20___		
Email	S	R	S	R	S	R	S	R	S	R	

Entry 3

Name											
Address	20___		20___		20___		20___		20___		
	S	R	S	R	S	R	S	R	S	R	
	20___		20___		20___		20___		20___		
Email	S	R	S	R	S	R	S	R	S	R	

Entry 4

Name											
Address	20___		20___		20___		20___		20___		
	S	R	S	R	S	R	S	R	S	R	
	20___		20___		20___		20___		20___		
Email	S	R	S	R	S	R	S	R	S	R	

Name										
Address	20___		20___		20___		20___		20___	
	S	R	S	R	S	R	S	R	S	R
	20___		20___		20___		20___		20___	
Email	S	R	S	R	S	R	S	R	S	R

Name										
Address	20___		20___		20___		20___		20___	
	S	R	S	R	S	R	S	R	S	R
	20___		20___		20___		20___		20___	
Email	S	R	S	R	S	R	S	R	S	R

Name										
Address	20___		20___		20___		20___		20___	
	S	R	S	R	S	R	S	R	S	R
	20___		20___		20___		20___		20___	
Email	S	R	S	R	S	R	S	R	S	R

Name										
Address	20___		20___		20___		20___		20___	
	S	R	S	R	S	R	S	R	S	R
	20___		20___		20___		20___		20___	
Email	S	R	S	R	S	R	S	R	S	R

Name

Address	20___		20___		20___		20___		20___	
	S	R	S	R	S	R	S	R	S	R
	20___		20___		20___		20___		20___	
Email	S	R	S	R	S	R	S	R	S	R

Name

Address	20___		20___		20___		20___		20___	
	S	R	S	R	S	R	S	R	S	R
	20___		20___		20___		20___		20___	
Email	S	R	S	R	S	R	S	R	S	R

Name

Address	20___		20___		20___		20___		20___	
	S	R	S	R	S	R	S	R	S	R
	20___		20___		20___		20___		20___	
Email	S	R	S	R	S	R	S	R	S	R

Name

Address	20___		20___		20___		20___		20___	
	S	R	S	R	S	R	S	R	S	R
	20___		20___		20___		20___		20___	
Email	S	R	S	R	S	R	S	R	S	R

Name										
Address	20___		20___		20___		20___		20___	
	S	R	S	R	S	R	S	R	S	R
	20___		20___		20___		20___		20___	
Email	S	R	S	R	S	R	S	R	S	R

Name										
Address	20___		20___		20___		20___		20___	
	S	R	S	R	S	R	S	R	S	R
	20___		20___		20___		20___		20___	
Email	S	R	S	R	S	R	S	R	S	R

Name										
Address	20___		20___		20___		20___		20___	
	S	R	S	R	S	R	S	R	S	R
	20___		20___		20___		20___		20___	
Email	S	R	S	R	S	R	S	R	S	R

Name										
Address	20___		20___		20___		20___		20___	
	S	R	S	R	S	R	S	R	S	R
	20___		20___		20___		20___		20___	
Email	S	R	S	R	S	R	S	R	S	R

M

Name

Address	20___		20___		20___		20___		20___	
	S	R	S	R	S	R	S	R	S	R
	20___		20___		20___		20___		20___	
Email	S	R	S	R	S	R	S	R	S	R

Name

Address	20___		20___		20___		20___		20___	
	S	R	S	R	S	R	S	R	S	R
	20___		20___		20___		20___		20___	
Email	S	R	S	R	S	R	S	R	S	R

Name

Address	20___		20___		20___		20___		20___	
	S	R	S	R	S	R	S	R	S	R
	20___		20___		20___		20___		20___	
Email	S	R	S	R	S	R	S	R	S	R

Name

Address	20___		20___		20___		20___		20___	
	S	R	S	R	S	R	S	R	S	R
	20___		20___		20___		20___		20___	
Email	S	R	S	R	S	R	S	R	S	R

Name										
Address	20___		20___		20___		20___		20___	
	S	R	S	R	S	R	S	R	S	R
	20___		20___		20___		20___		20___	
Email	S	R	S	R	S	R	S	R	S	R

Name										
Address	20___		20___		20___		20___		20___	
	S	R	S	R	S	R	S	R	S	R
	20___		20___		20___		20___		20___	
Email	S	R	S	R	S	R	S	R	S	R

Name										
Address	20___		20___		20___		20___		20___	
	S	R	S	R	S	R	S	R	S	R
	20___		20___		20___		20___		20___	
Email	S	R	S	R	S	R	S	R	S	R

Name										
Address	20___		20___		20___		20___		20___	
	S	R	S	R	S	R	S	R	S	R
	20___		20___		20___		20___		20___	
Email	S	R	S	R	S	R	S	R	S	R

Name

Address

20___		20___		20___		20___		20___	
S	R	S	R	S	R	S	R	S	R

20___		20___		20___		20___		20___	
S	R	S	R	S	R	S	R	S	R

Email

| | | | | | | | | | |

Name

Address

20___		20___		20___		20___		20___	
S	R	S	R	S	R	S	R	S	R

20___		20___		20___		20___		20___	
S	R	S	R	S	R	S	R	S	R

Email

| | | | | | | | | | |

Name

Address

20___		20___		20___		20___		20___	
S	R	S	R	S	R	S	R	S	R

20___		20___		20___		20___		20___	
S	R	S	R	S	R	S	R	S	R

Email

| | | | | | | | | | |

Name

Address

20___		20___		20___		20___		20___	
S	R	S	R	S	R	S	R	S	R

20___		20___		20___		20___		20___	
S	R	S	R	S	R	S	R	S	R

Email

| | | | | | | | | | |

Name										
Address	20___		20___		20___		20___		20___	
	S	R	S	R	S	R	S	R	S	R
	20___		20___		20___		20___		20___	
Email	S	R	S	R	S	R	S	R	S	R

Name										
Address	20___		20___		20___		20___		20___	
	S	R	S	R	S	R	S	R	S	R
	20___		20___		20___		20___		20___	
Email	S	R	S	R	S	R	S	R	S	R

Name										
Address	20___		20___		20___		20___		20___	
	S	R	S	R	S	R	S	R	S	R
	20___		20___		20___		20___		20___	
Email	S	R	S	R	S	R	S	R	S	R

Name										
Address	20___		20___		20___		20___		20___	
	S	R	S	R	S	R	S	R	S	R
	20___		20___		20___		20___		20___	
Email	S	R	S	R	S	R	S	R	S	R

Entry 1

Name

Address

	20___		20___		20___		20___		20___	
	S	R	S	R	S	R	S	R	S	R

	20___		20___		20___		20___		20___	
	S	R	S	R	S	R	S	R	S	R

Email

Entry 2

Name

Address

	20___		20___		20___		20___		20___	
	S	R	S	R	S	R	S	R	S	R

	20___		20___		20___		20___		20___	
	S	R	S	R	S	R	S	R	S	R

Email

Entry 3

Name

Address

	20___		20___		20___		20___		20___	
	S	R	S	R	S	R	S	R	S	R

	20___		20___		20___		20___		20___	
	S	R	S	R	S	R	S	R	S	R

Email

Entry 4

Name

Address

	20___		20___		20___		20___		20___	
	S	R	S	R	S	R	S	R	S	R

	20___		20___		20___		20___		20___	
	S	R	S	R	S	R	S	R	S	R

Email

Name										
Address	20___		20___		20___		20___		20___	
	S	R	S	R	S	R	S	R	S	R
	20___		20___		20___		20___		20___	
Email	S	R	S	R	S	R	S	R	S	R

Name										
Address	20___		20___		20___		20___		20___	
	S	R	S	R	S	R	S	R	S	R
	20___		20___		20___		20___		20___	
Email	S	R	S	R	S	R	S	R	S	R

Name										
Address	20___		20___		20___		20___		20___	
	S	R	S	R	S	R	S	R	S	R
	20___		20___		20___		20___		20___	
Email	S	R	S	R	S	R	S	R	S	R

Name										
Address	20___		20___		20___		20___		20___	
	S	R	S	R	S	R	S	R	S	R
	20___		20___		20___		20___		20___	
Email	S	R	S	R	S	R	S	R	S	R

Name

Address

	20___		20___		20___		20___		20___	
	S	R	S	R	S	R	S	R	S	R
	20___		20___		20___		20___		20___	
Email	S	R	S	R	S	R	S	R	S	R

Name

Address

	20___		20___		20___		20___		20___	
	S	R	S	R	S	R	S	R	S	R
	20___		20___		20___		20___		20___	
Email	S	R	S	R	S	R	S	R	S	R

Name

Address

	20___		20___		20___		20___		20___	
	S	R	S	R	S	R	S	R	S	R
	20___		20___		20___		20___		20___	
Email	S	R	S	R	S	R	S	R	S	R

Name

Address

	20___		20___		20___		20___		20___	
	S	R	S	R	S	R	S	R	S	R
	20___		20___		20___		20___		20___	
Email	S	R	S	R	S	R	S	R	S	R

$\boxed{\mathcal{O}}$

Name										
Address	20___		20___		20___		20___		20___	
	S	R	S	R	S	R	S	R	S	R
	20___		20___		20___		20___		20___	
Email	S	R	S	R	S	R	S	R	S	R

Name										
Address	20___		20___		20___		20___		20___	
	S	R	S	R	S	R	S	R	S	R
	20___		20___		20___		20___		20___	
Email	S	R	S	R	S	R	S	R	S	R

Name										
Address	20___		20___		20___		20___		20___	
	S	R	S	R	S	R	S	R	S	R
	20___		20___		20___		20___		20___	
Email	S	R	S	R	S	R	S	R	S	R

Name										
Address	20___		20___		20___		20___		20___	
	S	R	S	R	S	R	S	R	S	R
	20___		20___		20___		20___		20___	
Email	S	R	S	R	S	R	S	R	S	R

Name

Address	20___		20___		20___		20___		20___	
	S	R	S	R	S	R	S	R	S	R
	20___		20___		20___		20___		20___	
Email	S	R	S	R	S	R	S	R	S	R

Name

Address	20___		20___		20___		20___		20___	
	S	R	S	R	S	R	S	R	S	R
	20___		20___		20___		20___		20___	
Email	S	R	S	R	S	R	S	R	S	R

Name

Address	20___		20___		20___		20___		20___	
	S	R	S	R	S	R	S	R	S	R
	20___		20___		20___		20___		20___	
Email	S	R	S	R	S	R	S	R	S	R

Name

Address	20___		20___		20___		20___		20___	
	S	R	S	R	S	R	S	R	S	R
	20___		20___		20___		20___		20___	
Email	S	R	S	R	S	R	S	R	S	R

Name

Address	20___		20___		20___		20___		20___	
	S	R	S	R	S	R	S	R	S	R
	20___		20___		20___		20___		20___	
Email	S	R	S	R	S	R	S	R	S	R

Name

Address	20___		20___		20___		20___		20___	
	S	R	S	R	S	R	S	R	S	R
	20___		20___		20___		20___		20___	
Email	S	R	S	R	S	R	S	R	S	R

Name

Address	20___		20___		20___		20___		20___	
	S	R	S	R	S	R	S	R	S	R
	20___		20___		20___		20___		20___	
Email	S	R	S	R	S	R	S	R	S	R

Name

Address	20___		20___		20___		20___		20___	
	S	R	S	R	S	R	S	R	S	R
	20___		20___		20___		20___		20___	
Email	S	R	S	R	S	R	S	R	S	R

Name

Address	20___		20___		20___		20___		20___	
	S	R	S	R	S	R	S	R	S	R
	20___		20___		20___		20___		20___	
Email	S	R	S	R	S	R	S	R	S	R

Name

Address	20___		20___		20___		20___		20___	
	S	R	S	R	S	R	S	R	S	R
	20___		20___		20___		20___		20___	
Email	S	R	S	R	S	R	S	R	S	R

Name

Address	20___		20___		20___		20___		20___	
	S	R	S	R	S	R	S	R	S	R
	20___		20___		20___		20___		20___	
Email	S	R	S	R	S	R	S	R	S	R

Name

Address	20___		20___		20___		20___		20___	
	S	R	S	R	S	R	S	R	S	R
	20___		20___		20___		20___		20___	
Email	S	R	S	R	S	R	S	R	S	R

Name										
Address	20___		20___		20___		20___		20___	
	S	R	S	R	S	R	S	R	S	R
	20___		20___		20___		20___		20___	
Email	S	R	S	R	S	R	S	R	S	R

Name										
Address	20___		20___		20___		20___		20___	
	S	R	S	R	S	R	S	R	S	R
	20___		20___		20___		20___		20___	
Email	S	R	S	R	S	R	S	R	S	R

Name										
Address	20___		20___		20___		20___		20___	
	S	R	S	R	S	R	S	R	S	R
	20___		20___		20___		20___		20___	
Email	S	R	S	R	S	R	S	R	S	R

Name										
Address	20___		20___		20___		20___		20___	
	S	R	S	R	S	R	S	R	S	R
	20___		20___		20___		20___		20___	
Email	S	R	S	R	S	R	S	R	S	R

Name										
Address	20___		20___		20___		20___		20___	
	S	R	S	R	S	R	S	R	S	R
	20___		20___		20___		20___		20___	
Email	S	R	S	R	S	R	S	R	S	R

Name										
Address	20___		20___		20___		20___		20___	
	S	R	S	R	S	R	S	R	S	R
	20___		20___		20___		20___		20___	
Email	S	R	S	R	S	R	S	R	S	R

Name										
Address	20___		20___		20___		20___		20___	
	S	R	S	R	S	R	S	R	S	R
	20___		20___		20___		20___		20___	
Email	S	R	S	R	S	R	S	R	S	R

Name										
Address	20___		20___		20___		20___		20___	
	S	R	S	R	S	R	S	R	S	R
	20___		20___		20___		20___		20___	
Email	S	R	S	R	S	R	S	R	S	R

Name										
Address	20___		20___		20___		20___		20___	
	S	R	S	R	S	R	S	R	S	R
	20___		20___		20___		20___		20___	
Email	S	R	S	R	S	R	S	R	S	R

Name										
Address	20___		20___		20___		20___		20___	
	S	R	S	R	S	R	S	R	S	R
	20___		20___		20___		20___		20___	
Email	S	R	S	R	S	R	S	R	S	R

Name										
Address	20___		20___		20___		20___		20___	
	S	R	S	R	S	R	S	R	S	R
	20___		20___		20___		20___		20___	
Email	S	R	S	R	S	R	S	R	S	R

Name										
Address	20___		20___		20___		20___		20___	
	S	R	S	R	S	R	S	R	S	R
	20___		20___		20___		20___		20___	
Email	S	R	S	R	S	R	S	R	S	R

Name

Address	20___		20___		20___		20___		20___	
	S	R	S	R	S	R	S	R	S	R
	20___		20___		20___		20___		20___	
Email	S	R	S	R	S	R	S	R	S	R

Name

Address	20___		20___		20___		20___		20___	
	S	R	S	R	S	R	S	R	S	R
	20___		20___		20___		20___		20___	
Email	S	R	S	R	S	R	S	R	S	R

Name

Address	20___		20___		20___		20___		20___	
	S	R	S	R	S	R	S	R	S	R
	20___		20___		20___		20___		20___	
Email	S	R	S	R	S	R	S	R	S	R

Name

Address	20___		20___		20___		20___		20___	
	S	R	S	R	S	R	S	R	S	R
	20___		20___		20___		20___		20___	
Email	S	R	S	R	S	R	S	R	S	R

Q

Name										
Address	20___		20___		20___		20___		20___	
	S	R	S	R	S	R	S	R	S	R
	20___		20___		20___		20___		20___	
Email	S	R	S	R	S	R	S	R	S	R

Name										
Address	20___		20___		20___		20___		20___	
	S	R	S	R	S	R	S	R	S	R
	20___		20___		20___		20___		20___	
Email	S	R	S	R	S	R	S	R	S	R

Name										
Address	20___		20___		20___		20___		20___	
	S	R	S	R	S	R	S	R	S	R
	20___		20___		20___		20___		20___	
Email	S	R	S	R	S	R	S	R	S	R

Name										
Address	20___		20___		20___		20___		20___	
	S	R	S	R	S	R	S	R	S	R
	20___		20___		20___		20___		20___	
Email	S	R	S	R	S	R	S	R	S	R

Name

Address	20___		20___		20___		20___		20___	
	S	R	S	R	S	R	S	R	S	R
	20___		20___		20___		20___		20___	
Email	S	R	S	R	S	R	S	R	S	R

Name

Address	20___		20___		20___		20___		20___	
	S	R	S	R	S	R	S	R	S	R
	20___		20___		20___		20___		20___	
Email	S	R	S	R	S	R	S	R	S	R

Name

Address	20___		20___		20___		20___		20___	
	S	R	S	R	S	R	S	R	S	R
	20___		20___		20___		20___		20___	
Email	S	R	S	R	S	R	S	R	S	R

Name

Address	20___		20___		20___		20___		20___	
	S	R	S	R	S	R	S	R	S	R
	20___		20___		20___		20___		20___	
Email	S	R	S	R	S	R	S	R	S	R

Name

Address

20___		20___		20___		20___		20___	
S	R	S	R	S	R	S	R	S	R

20___		20___		20___		20___		20___	
S	R	S	R	S	R	S	R	S	R

Email

Name

Address

20___		20___		20___		20___		20___	
S	R	S	R	S	R	S	R	S	R

20___		20___		20___		20___		20___	
S	R	S	R	S	R	S	R	S	R

Email

Name

Address

20___		20___		20___		20___		20___	
S	R	S	R	S	R	S	R	S	R

20___		20___		20___		20___		20___	
S	R	S	R	S	R	S	R	S	R

Email

Name

Address

20___		20___		20___		20___		20___	
S	R	S	R	S	R	S	R	S	R

20___		20___		20___		20___		20___	
S	R	S	R	S	R	S	R	S	R

Email

Name										
Address	20___		20___		20___		20___		20___	
	S	R	S	R	S	R	S	R	S	R
	20___		20___		20___		20___		20___	
Email	S	R	S	R	S	R	S	R	S	R

Name										
Address	20___		20___		20___		20___		20___	
	S	R	S	R	S	R	S	R	S	R
	20___		20___		20___		20___		20___	
Email	S	R	S	R	S	R	S	R	S	R

Name										
Address	20___		20___		20___		20___		20___	
	S	R	S	R	S	R	S	R	S	R
	20___		20___		20___		20___		20___	
Email	S	R	S	R	S	R	S	R	S	R

Name										
Address	20___		20___		20___		20___		20___	
	S	R	S	R	S	R	S	R	S	R
	20___		20___		20___		20___		20___	
Email	S	R	S	R	S	R	S	R	S	R

Name

Address

	20___		20___		20___		20___		20___	
	S	R	S	R	S	R	S	R	S	R
	20___		20___		20___		20___		20___	
	S	R	S	R	S	R	S	R	S	R

Email

Name

Address

	20___		20___		20___		20___		20___	
	S	R	S	R	S	R	S	R	S	R
	20___		20___		20___		20___		20___	
	S	R	S	R	S	R	S	R	S	R

Email

Name

Address

	20___		20___		20___		20___		20___	
	S	R	S	R	S	R	S	R	S	R
	20___		20___		20___		20___		20___	
	S	R	S	R	S	R	S	R	S	R

Email

Name

Address

	20___		20___		20___		20___		20___	
	S	R	S	R	S	R	S	R	S	R
	20___		20___		20___		20___		20___	
	S	R	S	R	S	R	S	R	S	R

Email

Name

Address	20___		20___		20___		20___		20___	
	S	R	S	R	S	R	S	R	S	R
	20___		20___		20___		20___		20___	
Email	S	R	S	R	S	R	S	R	S	R

Name

Address	20___		20___		20___		20___		20___	
	S	R	S	R	S	R	S	R	S	R
	20___		20___		20___		20___		20___	
Email	S	R	S	R	S	R	S	R	S	R

Name

Address	20___		20___		20___		20___		20___	
	S	R	S	R	S	R	S	R	S	R
	20___		20___		20___		20___		20___	
Email	S	R	S	R	S	R	S	R	S	R

Name

Address	20___		20___		20___		20___		20___	
	S	R	S	R	S	R	S	R	S	R
	20___		20___		20___		20___		20___	
Email	S	R	S	R	S	R	S	R	S	R

Name										
Address	20___		20___		20___		20___		20___	
	S	R	S	R	S	R	S	R	S	R
	20___		20___		20___		20___		20___	
Email	S	R	S	R	S	R	S	R	S	R

Name										
Address	20___		20___		20___		20___		20___	
	S	R	S	R	S	R	S	R	S	R
	20___		20___		20___		20___		20___	
Email	S	R	S	R	S	R	S	R	S	R

Name										
Address	20___		20___		20___		20___		20___	
	S	R	S	R	S	R	S	R	S	R
	20___		20___		20___		20___		20___	
Email	S	R	S	R	S	R	S	R	S	R

Name										
Address	20___		20___		20___		20___		20___	
	S	R	S	R	S	R	S	R	S	R
	20___		20___		20___		20___		20___	
Email	S	R	S	R	S	R	S	R	S	R

Name

Address		20___		20___		20___		20___		20___	
		S	R	S	R	S	R	S	R	S	R
		20___		20___		20___		20___		20___	
Email		S	R	S	R	S	R	S	R	S	R

Name

Address		20___		20___		20___		20___		20___	
		S	R	S	R	S	R	S	R	S	R
		20___		20___		20___		20___		20___	
Email		S	R	S	R	S	R	S	R	S	R

Name

Address		20___		20___		20___		20___		20___	
		S	R	S	R	S	R	S	R	S	R
		20___		20___		20___		20___		20___	
Email		S	R	S	R	S	R	S	R	S	R

Name

Address		20___		20___		20___		20___		20___	
		S	R	S	R	S	R	S	R	S	R
		20___		20___		20___		20___		20___	
Email		S	R	S	R	S	R	S	R	S	R

Name										
Address	20___		20___		20___		20___		20___	
	S	R	S	R	S	R	S	R	S	R
	20___		20___		20___		20___		20___	
Email	S	R	S	R	S	R	S	R	S	R

Name										
Address	20___		20___		20___		20___		20___	
	S	R	S	R	S	R	S	R	S	R
	20___		20___		20___		20___		20___	
Email	S	R	S	R	S	R	S	R	S	R

Name										
Address	20___		20___		20___		20___		20___	
	S	R	S	R	S	R	S	R	S	R
	20___		20___		20___		20___		20___	
Email	S	R	S	R	S	R	S	R	S	R

Name										
Address	20___		20___		20___		20___		20___	
	S	R	S	R	S	R	S	R	S	R
	20___		20___		20___		20___		20___	
Email	S	R	S	R	S	R	S	R	S	R

Name										
Address	20___		20___		20___		20___		20___	
	S	R	S	R	S	R	S	R	S	R
	20___		20___		20___		20___		20___	
Email	S	R	S	R	S	R	S	R	S	R

Name										
Address	20___		20___		20___		20___		20___	
	S	R	S	R	S	R	S	R	S	R
	20___		20___		20___		20___		20___	
Email	S	R	S	R	S	R	S	R	S	R

Name										
Address	20___		20___		20___		20___		20___	
	S	R	S	R	S	R	S	R	S	R
	20___		20___		20___		20___		20___	
Email	S	R	S	R	S	R	S	R	S	R

Name										
Address	20___		20___		20___		20___		20___	
	S	R	S	R	S	R	S	R	S	R
	20___		20___		20___		20___		20___	
Email	S	R	S	R	S	R	S	R	S	R

Name

Address	20___		20___		20___		20___		20___	
	S	R	S	R	S	R	S	R	S	R
	20___		20___		20___		20___		20___	
Email	S	R	S	R	S	R	S	R	S	R

Name

Address	20___		20___		20___		20___		20___	
	S	R	S	R	S	R	S	R	S	R
	20___		20___		20___		20___		20___	
Email	S	R	S	R	S	R	S	R	S	R

Name

Address	20___		20___		20___		20___		20___	
	S	R	S	R	S	R	S	R	S	R
	20___		20___		20___		20___		20___	
Email	S	R	S	R	S	R	S	R	S	R

Name

Address	20___		20___		20___		20___		20___	
	S	R	S	R	S	R	S	R	S	R
	20___		20___		20___		20___		20___	
Email	S	R	S	R	S	R	S	R	S	R

Name											
Address		20___		20___		20___		20___		20___	
		S	R	S	R	S	R	S	R	S	R
		20___		20___		20___		20___		20___	
Email		S	R	S	R	S	R	S	R	S	R

Name											
Address		20___		20___		20___		20___		20___	
		S	R	S	R	S	R	S	R	S	R
		20___		20___		20___		20___		20___	
Email		S	R	S	R	S	R	S	R	S	R

Name											
Address		20___		20___		20___		20___		20___	
		S	R	S	R	S	R	S	R	S	R
		20___		20___		20___		20___		20___	
Email		S	R	S	R	S	R	S	R	S	R

Name											
Address		20___		20___		20___		20___		20___	
		S	R	S	R	S	R	S	R	S	R
		20___		20___		20___		20___		20___	
Email		S	R	S	R	S	R	S	R	S	R

Name										
Address	20___		20___		20___		20___		20___	
	S	R	S	R	S	R	S	R	S	R
	20___		20___		20___		20___		20___	
Email	S	R	S	R	S	R	S	R	S	R

Name										
Address	20___		20___		20___		20___		20___	
	S	R	S	R	S	R	S	R	S	R
	20___		20___		20___		20___		20___	
Email	S	R	S	R	S	R	S	R	S	R

Name										
Address	20___		20___		20___		20___		20___	
	S	R	S	R	S	R	S	R	S	R
	20___		20___		20___		20___		20___	
Email	S	R	S	R	S	R	S	R	S	R

Name										
Address	20___		20___		20___		20___		20___	
	S	R	S	R	S	R	S	R	S	R
	20___		20___		20___		20___		20___	
Email	S	R	S	R	S	R	S	R	S	R

Name										
Address	20___		20___		20___		20___		20___	
	S	R	S	R	S	R	S	R	S	R
	20___		20___		20___		20___		20___	
Email	S	R	S	R	S	R	S	R	S	R

Name										
Address	20___		20___		20___		20___		20___	
	S	R	S	R	S	R	S	R	S	R
	20___		20___		20___		20___		20___	
Email	S	R	S	R	S	R	S	R	S	R

Name										
Address	20___		20___		20___		20___		20___	
	S	R	S	R	S	R	S	R	S	R
	20___		20___		20___		20___		20___	
Email	S	R	S	R	S	R	S	R	S	R

Name										
Address	20___		20___		20___		20___		20___	
	S	R	S	R	S	R	S	R	S	R
	20___		20___		20___		20___		20___	
Email	S	R	S	R	S	R	S	R	S	R

Name										
Address	20___		20___		20___		20___		20___	
	S	R	S	R	S	R	S	R	S	R
	20___		20___		20___		20___		20___	
Email	S	R	S	R	S	R	S	R	S	R

Name										
Address	20___		20___		20___		20___		20___	
	S	R	S	R	S	R	S	R	S	R
	20___		20___		20___		20___		20___	
Email	S	R	S	R	S	R	S	R	S	R

Name										
Address	20___		20___		20___		20___		20___	
	S	R	S	R	S	R	S	R	S	R
	20___		20___		20___		20___		20___	
Email	S	R	S	R	S	R	S	R	S	R

Name										
Address	20___		20___		20___		20___		20___	
	S	R	S	R	S	R	S	R	S	R
	20___		20___		20___		20___		20___	
Email	S	R	S	R	S	R	S	R	S	R

Name											
Address		20___		20___		20___		20___		20___	
		S	R	S	R	S	R	S	R	S	R
		20___		20___		20___		20___		20___	
Email		S	R	S	R	S	R	S	R	S	R

Name											
Address		20___		20___		20___		20___		20___	
		S	R	S	R	S	R	S	R	S	R
		20___		20___		20___		20___		20___	
Email		S	R	S	R	S	R	S	R	S	R

Name											
Address		20___		20___		20___		20___		20___	
		S	R	S	R	S	R	S	R	S	R
		20___		20___		20___		20___		20___	
Email		S	R	S	R	S	R	S	R	S	R

Name											
Address		20___		20___		20___		20___		20___	
		S	R	S	R	S	R	S	R	S	R
		20___		20___		20___		20___		20___	
Email		S	R	S	R	S	R	S	R	S	R

$\mathcal{T}$

Name

Address	20___		20___		20___		20___		20___	
	S	R	S	R	S	R	S	R	S	R
	20___		20___		20___		20___		20___	
Email	S	R	S	R	S	R	S	R	S	R

Name

Address	20___		20___		20___		20___		20___	
	S	R	S	R	S	R	S	R	S	R
	20___		20___		20___		20___		20___	
Email	S	R	S	R	S	R	S	R	S	R

Name

Address	20___		20___		20___		20___		20___	
	S	R	S	R	S	R	S	R	S	R
	20___		20___		20___		20___		20___	
Email	S	R	S	R	S	R	S	R	S	R

Name

Address	20___		20___		20___		20___		20___	
	S	R	S	R	S	R	S	R	S	R
	20___		20___		20___		20___		20___	
Email	S	R	S	R	S	R	S	R	S	R

Name

Address	20___		20___		20___		20___		20___	
	S	R	S	R	S	R	S	R	S	R
	20___		20___		20___		20___		20___	
Email	S	R	S	R	S	R	S	R	S	R

Name

Address	20___		20___		20___		20___		20___	
	S	R	S	R	S	R	S	R	S	R
	20___		20___		20___		20___		20___	
Email	S	R	S	R	S	R	S	R	S	R

Name

Address	20___		20___		20___		20___		20___	
	S	R	S	R	S	R	S	R	S	R
	20___		20___		20___		20___		20___	
Email	S	R	S	R	S	R	S	R	S	R

Name

Address	20___		20___		20___		20___		20___	
	S	R	S	R	S	R	S	R	S	R
	20___		20___		20___		20___		20___	
Email	S	R	S	R	S	R	S	R	S	R

$\mathcal{T}$

Name										
Address	20___		20___		20___		20___		20___	
	S	R	S	R	S	R	S	R	S	R
	20___		20___		20___		20___		20___	
Email	S	R	S	R	S	R	S	R	S	R

Name										
Address	20___		20___		20___		20___		20___	
	S	R	S	R	S	R	S	R	S	R
	20___		20___		20___		20___		20___	
Email	S	R	S	R	S	R	S	R	S	R

Name										
Address	20___		20___		20___		20___		20___	
	S	R	S	R	S	R	S	R	S	R
	20___		20___		20___		20___		20___	
Email	S	R	S	R	S	R	S	R	S	R

Name										
Address	20___		20___		20___		20___		20___	
	S	R	S	R	S	R	S	R	S	R
	20___		20___		20___		20___		20___	
Email	S	R	S	R	S	R	S	R	S	R

Name

Address		20___		20___		20___		20___		20___	
		S	R	S	R	S	R	S	R	S	R
		20___		20___		20___		20___		20___	
Email		S	R	S	R	S	R	S	R	S	R

Name

Address		20___		20___		20___		20___		20___	
		S	R	S	R	S	R	S	R	S	R
		20___		20___		20___		20___		20___	
Email		S	R	S	R	S	R	S	R	S	R

Name

Address		20___		20___		20___		20___		20___	
		S	R	S	R	S	R	S	R	S	R
		20___		20___		20___		20___		20___	
Email		S	R	S	R	S	R	S	R	S	R

Name

Address		20___		20___		20___		20___		20___	
		S	R	S	R	S	R	S	R	S	R
		20___		20___		20___		20___		20___	
Email		S	R	S	R	S	R	S	R	S	R

$\mathcal{T}$

Name

Address	20___		20___		20___		20___		20___	
	S	R	S	R	S	R	S	R	S	R
	20___		20___		20___		20___		20___	
Email	S	R	S	R	S	R	S	R	S	R

Name

Address	20___		20___		20___		20___		20___	
	S	R	S	R	S	R	S	R	S	R
	20___		20___		20___		20___		20___	
Email	S	R	S	R	S	R	S	R	S	R

Name

Address	20___		20___		20___		20___		20___	
	S	R	S	R	S	R	S	R	S	R
	20___		20___		20___		20___		20___	
Email	S	R	S	R	S	R	S	R	S	R

Name

Address	20___		20___		20___		20___		20___	
	S	R	S	R	S	R	S	R	S	R
	20___		20___		20___		20___		20___	
Email	S	R	S	R	S	R	S	R	S	R

Name										
Address	20___		20___		20___		20___		20___	
	S	R	S	R	S	R	S	R	S	R
	20___		20___		20___		20___		20___	
Email	S	R	S	R	S	R	S	R	S	R

Name										
Address	20___		20___		20___		20___		20___	
	S	R	S	R	S	R	S	R	S	R
	20___		20___		20___		20___		20___	
Email	S	R	S	R	S	R	S	R	S	R

Name										
Address	20___		20___		20___		20___		20___	
	S	R	S	R	S	R	S	R	S	R
	20___		20___		20___		20___		20___	
Email	S	R	S	R	S	R	S	R	S	R

Name										
Address	20___		20___		20___		20___		20___	
	S	R	S	R	S	R	S	R	S	R
	20___		20___		20___		20___		20___	
Email	S	R	S	R	S	R	S	R	S	R

Name										
Address	20___		20___		20___		20___		20___	
	S	R	S	R	S	R	S	R	S	R
	20___		20___		20___		20___		20___	
Email	S	R	S	R	S	R	S	R	S	R

Name										
Address	20___		20___		20___		20___		20___	
	S	R	S	R	S	R	S	R	S	R
	20___		20___		20___		20___		20___	
Email	S	R	S	R	S	R	S	R	S	R

Name										
Address	20___		20___		20___		20___		20___	
	S	R	S	R	S	R	S	R	S	R
	20___		20___		20___		20___		20___	
Email	S	R	S	R	S	R	S	R	S	R

Name										
Address	20___		20___		20___		20___		20___	
	S	R	S	R	S	R	S	R	S	R
	20___		20___		20___		20___		20___	
Email	S	R	S	R	S	R	S	R	S	R

$\mathcal{U}$

Card 1

Name											
Address	20___		20___		20___		20___		20___		
	S	R	S	R	S	R	S	R	S	R	
	20___		20___		20___		20___		20___		
Email	S	R	S	R	S	R	S	R	S	R	

Card 2

Name											
Address	20___		20___		20___		20___		20___		
	S	R	S	R	S	R	S	R	S	R	
	20___		20___		20___		20___		20___		
Email	S	R	S	R	S	R	S	R	S	R	

Card 3

Name											
Address	20___		20___		20___		20___		20___		
	S	R	S	R	S	R	S	R	S	R	
	20___		20___		20___		20___		20___		
Email	S	R	S	R	S	R	S	R	S	R	

Card 4

Name											
Address	20___		20___		20___		20___		20___		
	S	R	S	R	S	R	S	R	S	R	
	20___		20___		20___		20___		20___		
Email	S	R	S	R	S	R	S	R	S	R	

$\mathcal{U}$

Name										
Address	20___		20___		20___		20___		20___	
	S	R	S	R	S	R	S	R	S	R
	20___		20___		20___		20___		20___	
Email	S	R	S	R	S	R	S	R	S	R

Name										
Address	20___		20___		20___		20___		20___	
	S	R	S	R	S	R	S	R	S	R
	20___		20___		20___		20___		20___	
Email	S	R	S	R	S	R	S	R	S	R

Name										
Address	20___		20___		20___		20___		20___	
	S	R	S	R	S	R	S	R	S	R
	20___		20___		20___		20___		20___	
Email	S	R	S	R	S	R	S	R	S	R

Name										
Address	20___		20___		20___		20___		20___	
	S	R	S	R	S	R	S	R	S	R
	20___		20___		20___		20___		20___	
Email	S	R	S	R	S	R	S	R	S	R

Name

Address	20___		20___		20___		20___		20___	
	S	R	S	R	S	R	S	R	S	R
	20___		20___		20___		20___		20___	
Email	S	R	S	R	S	R	S	R	S	R

Name

Address	20___		20___		20___		20___		20___	
	S	R	S	R	S	R	S	R	S	R
	20___		20___		20___		20___		20___	
Email	S	R	S	R	S	R	S	R	S	R

Name

Address	20___		20___		20___		20___		20___	
	S	R	S	R	S	R	S	R	S	R
	20___		20___		20___		20___		20___	
Email	S	R	S	R	S	R	S	R	S	R

Name

Address	20___		20___		20___		20___		20___	
	S	R	S	R	S	R	S	R	S	R
	20___		20___		20___		20___		20___	
Email	S	R	S	R	S	R	S	R	S	R

$\mathcal{V}$

Name										
Address	20___		20___		20___		20___		20___	
	S	R	S	R	S	R	S	R	S	R
	20___		20___		20___		20___		20___	
Email	S	R	S	R	S	R	S	R	S	R

Name										
Address	20___		20___		20___		20___		20___	
	S	R	S	R	S	R	S	R	S	R
	20___		20___		20___		20___		20___	
Email	S	R	S	R	S	R	S	R	S	R

Name										
Address	20___		20___		20___		20___		20___	
	S	R	S	R	S	R	S	R	S	R
	20___		20___		20___		20___		20___	
Email	S	R	S	R	S	R	S	R	S	R

Name										
Address	20___		20___		20___		20___		20___	
	S	R	S	R	S	R	S	R	S	R
	20___		20___		20___		20___		20___	
Email	S	R	S	R	S	R	S	R	S	R

Name										
Address	20___		20___		20___		20___		20___	
	S	R	S	R	S	R	S	R	S	R
	20___		20___		20___		20___		20___	
Email	S	R	S	R	S	R	S	R	S	R

Name										
Address	20___		20___		20___		20___		20___	
	S	R	S	R	S	R	S	R	S	R
	20___		20___		20___		20___		20___	
Email	S	R	S	R	S	R	S	R	S	R

Name										
Address	20___		20___		20___		20___		20___	
	S	R	S	R	S	R	S	R	S	R
	20___		20___		20___		20___		20___	
Email	S	R	S	R	S	R	S	R	S	R

Name										
Address	20___		20___		20___		20___		20___	
	S	R	S	R	S	R	S	R	S	R
	20___		20___		20___		20___		20___	
Email	S	R	S	R	S	R	S	R	S	R

V

Name											
Address	20___		20___		20___		20___		20___		
	S	R	S	R	S	R	S	R	S	R	
	20___		20___		20___		20___		20___		
Email	S	R	S	R	S	R	S	R	S	R	

Name											
Address	20___		20___		20___		20___		20___		
	S	R	S	R	S	R	S	R	S	R	
	20___		20___		20___		20___		20___		
Email	S	R	S	R	S	R	S	R	S	R	

Name											
Address	20___		20___		20___		20___		20___		
	S	R	S	R	S	R	S	R	S	R	
	20___		20___		20___		20___		20___		
Email	S	R	S	R	S	R	S	R	S	R	

Name											
Address	20___		20___		20___		20___		20___		
	S	R	S	R	S	R	S	R	S	R	
	20___		20___		20___		20___		20___		
Email	S	R	S	R	S	R	S	R	S	R	

Name										
Address	20___		20___		20___		20___		20___	
	S	R	S	R	S	R	S	R	S	R
	20___		20___		20___		20___		20___	
Email	S	R	S	R	S	R	S	R	S	R

Name										
Address	20___		20___		20___		20___		20___	
	S	R	S	R	S	R	S	R	S	R
	20___		20___		20___		20___		20___	
Email	S	R	S	R	S	R	S	R	S	R

Name										
Address	20___		20___		20___		20___		20___	
	S	R	S	R	S	R	S	R	S	R
	20___		20___		20___		20___		20___	
Email	S	R	S	R	S	R	S	R	S	R

Name										
Address	20___		20___		20___		20___		20___	
	S	R	S	R	S	R	S	R	S	R
	20___		20___		20___		20___		20___	
Email	S	R	S	R	S	R	S	R	S	R

W

Name

Address

20___	20___	20___	20___	20___
S	R	S	R	S	R	S	R	S	R

20___	20___	20___	20___	20___

Email

S	R	S	R	S	R	S	R	S	R

Name

Address

20___	20___	20___	20___	20___
S	R	S	R	S	R	S	R	S	R

20___	20___	20___	20___	20___

Email

S	R	S	R	S	R	S	R	S	R

Name

Address

20___	20___	20___	20___	20___
S	R	S	R	S	R	S	R	S	R

20___	20___	20___	20___	20___

Email

S	R	S	R	S	R	S	R	S	R

Name

Address

20___	20___	20___	20___	20___
S	R	S	R	S	R	S	R	S	R

20___	20___	20___	20___	20___

Email

S	R	S	R	S	R	S	R	S	R

W

Name

Address	20___		20___		20___		20___		20___	
	S	R	S	R	S	R	S	R	S	R
	20___		20___		20___		20___		20___	
Email	S	R	S	R	S	R	S	R	S	R

Name

Address	20___		20___		20___		20___		20___	
	S	R	S	R	S	R	S	R	S	R
	20___		20___		20___		20___		20___	
Email	S	R	S	R	S	R	S	R	S	R

Name

Address	20___		20___		20___		20___		20___	
	S	R	S	R	S	R	S	R	S	R
	20___		20___		20___		20___		20___	
Email	S	R	S	R	S	R	S	R	S	R

Name

Address	20___		20___		20___		20___		20___	
	S	R	S	R	S	R	S	R	S	R
	20___		20___		20___		20___		20___	
Email	S	R	S	R	S	R	S	R	S	R

W

Entry 1

Name

Address

20___		20___		20___		20___		20___	
S	R	S	R	S	R	S	R	S	R

20___		20___		20___		20___		20___	
S	R	S	R	S	R	S	R	S	R

Email

Entry 2

Name

Address

20___		20___		20___		20___		20___	
S	R	S	R	S	R	S	R	S	R

20___		20___		20___		20___		20___	
S	R	S	R	S	R	S	R	S	R

Email

Entry 3

Name

Address

20___		20___		20___		20___		20___	
S	R	S	R	S	R	S	R	S	R

20___		20___		20___		20___		20___	
S	R	S	R	S	R	S	R	S	R

Email

Entry 4

Name

Address

20___		20___		20___		20___		20___	
S	R	S	R	S	R	S	R	S	R

20___		20___		20___		20___		20___	
S	R	S	R	S	R	S	R	S	R

Email

Name

Address	20___		20___		20___		20___		20___	
	S	R	S	R	S	R	S	R	S	R
	20___		20___		20___		20___		20___	
Email	S	R	S	R	S	R	S	R	S	R

Name

Address	20___		20___		20___		20___		20___	
	S	R	S	R	S	R	S	R	S	R
	20___		20___		20___		20___		20___	
Email	S	R	S	R	S	R	S	R	S	R

Name

Address	20___		20___		20___		20___		20___	
	S	R	S	R	S	R	S	R	S	R
	20___		20___		20___		20___		20___	
Email	S	R	S	R	S	R	S	R	S	R

Name

Address	20___		20___		20___		20___		20___	
	S	R	S	R	S	R	S	R	S	R
	20___		20___		20___		20___		20___	
Email	S	R	S	R	S	R	S	R	S	R

Name

Address

	20___		20___		20___		20___		20___	
	S	R	S	R	S	R	S	R	S	R

	20___		20___		20___		20___		20___	
Email	S	R	S	R	S	R	S	R	S	R

Name

Address

	20___		20___		20___		20___		20___	
	S	R	S	R	S	R	S	R	S	R

	20___		20___		20___		20___		20___	
Email	S	R	S	R	S	R	S	R	S	R

Name

Address

	20___		20___		20___		20___		20___	
	S	R	S	R	S	R	S	R	S	R

	20___		20___		20___		20___		20___	
Email	S	R	S	R	S	R	S	R	S	R

Name

Address

	20___		20___		20___		20___		20___	
	S	R	S	R	S	R	S	R	S	R

	20___		20___		20___		20___		20___	
Email	S	R	S	R	S	R	S	R	S	R

Name										
Address	20___		20___		20___		20___		20___	
	S	R	S	R	S	R	S	R	S	R
	20___		20___		20___		20___		20___	
Email	S	R	S	R	S	R	S	R	S	R

Name										
Address	20___		20___		20___		20___		20___	
	S	R	S	R	S	R	S	R	S	R
	20___		20___		20___		20___		20___	
Email	S	R	S	R	S	R	S	R	S	R

Name										
Address	20___		20___		20___		20___		20___	
	S	R	S	R	S	R	S	R	S	R
	20___		20___		20___		20___		20___	
Email	S	R	S	R	S	R	S	R	S	R

Name										
Address	20___		20___		20___		20___		20___	
	S	R	S	R	S	R	S	R	S	R
	20___		20___		20___		20___		20___	
Email	S	R	S	R	S	R	S	R	S	R

χ

Name										
Address	20___		20___		20___		20___		20___	
	S	R	S	R	S	R	S	R	S	R
	20___		20___		20___		20___		20___	
Email	S	R	S	R	S	R	S	R	S	R

Name										
Address	20___		20___		20___		20___		20___	
	S	R	S	R	S	R	S	R	S	R
	20___		20___		20___		20___		20___	
Email	S	R	S	R	S	R	S	R	S	R

Name										
Address	20___		20___		20___		20___		20___	
	S	R	S	R	S	R	S	R	S	R
	20___		20___		20___		20___		20___	
Email	S	R	S	R	S	R	S	R	S	R

Name										
Address	20___		20___		20___		20___		20___	
	S	R	S	R	S	R	S	R	S	R
	20___		20___		20___		20___		20___	
Email	S	R	S	R	S	R	S	R	S	R

Name

Address

20___		20___		20___		20___		20___	
S	R	S	R	S	R	S	R	S	R
20___		20___		20___		20___		20___	
S	R	S	R	S	R	S	R	S	R

Email

Name

Address

20___		20___		20___		20___		20___	
S	R	S	R	S	R	S	R	S	R
20___		20___		20___		20___		20___	
S	R	S	R	S	R	S	R	S	R

Email

Name

Address

20___		20___		20___		20___		20___	
S	R	S	R	S	R	S	R	S	R
20___		20___		20___		20___		20___	
S	R	S	R	S	R	S	R	S	R

Email

Name

Address

20___		20___		20___		20___		20___	
S	R	S	R	S	R	S	R	S	R
20___		20___		20___		20___		20___	
S	R	S	R	S	R	S	R	S	R

Email

Name										
Address	20___		20___		20___		20___		20___	
	S	R	S	R	S	R	S	R	S	R
	20___		20___		20___		20___		20___	
Email	S	R	S	R	S	R	S	R	S	R

Name										
Address	20___		20___		20___		20___		20___	
	S	R	S	R	S	R	S	R	S	R
	20___		20___		20___		20___		20___	
Email	S	R	S	R	S	R	S	R	S	R

Name										
Address	20___		20___		20___		20___		20___	
	S	R	S	R	S	R	S	R	S	R
	20___		20___		20___		20___		20___	
Email	S	R	S	R	S	R	S	R	S	R

Name										
Address	20___		20___		20___		20___		20___	
	S	R	S	R	S	R	S	R	S	R
	20___		20___		20___		20___		20___	
Email	S	R	S	R	S	R	S	R	S	R

Name										
Address	20___		20___		20___		20___		20___	
	S	R	S	R	S	R	S	R	S	R
	20___		20___		20___		20___		20___	
Email	S	R	S	R	S	R	S	R	S	R

Name										
Address	20___		20___		20___		20___		20___	
	S	R	S	R	S	R	S	R	S	R
	20___		20___		20___		20___		20___	
Email	S	R	S	R	S	R	S	R	S	R

Name										
Address	20___		20___		20___		20___		20___	
	S	R	S	R	S	R	S	R	S	R
	20___		20___		20___		20___		20___	
Email	S	R	S	R	S	R	S	R	S	R

Name										
Address	20___		20___		20___		20___		20___	
	S	R	S	R	S	R	S	R	S	R
	20___		20___		20___		20___		20___	
Email	S	R	S	R	S	R	S	R	S	R

γ

Name										
Address	20___		20___		20___		20___		20___	
	S	R	S	R	S	R	S	R	S	R
	20___		20___		20___		20___		20___	
Email	S	R	S	R	S	R	S	R	S	R

Name										
Address	20___		20___		20___		20___		20___	
	S	R	S	R	S	R	S	R	S	R
	20___		20___		20___		20___		20___	
Email	S	R	S	R	S	R	S	R	S	R

Name										
Address	20___		20___		20___		20___		20___	
	S	R	S	R	S	R	S	R	S	R
	20___		20___		20___		20___		20___	
Email	S	R	S	R	S	R	S	R	S	R

Name										
Address	20___		20___		20___		20___		20___	
	S	R	S	R	S	R	S	R	S	R
	20___		20___		20___		20___		20___	
Email	S	R	S	R	S	R	S	R	S	R

Name										
Address	20___		20___		20___		20___		20___	
	S	R	S	R	S	R	S	R	S	R
	20___		20___		20___		20___		20___	
Email	S	R	S	R	S	R	S	R	S	R

Name										
Address	20___		20___		20___		20___		20___	
	S	R	S	R	S	R	S	R	S	R
	20___		20___		20___		20___		20___	
Email	S	R	S	R	S	R	S	R	S	R

Name										
Address	20___		20___		20___		20___		20___	
	S	R	S	R	S	R	S	R	S	R
	20___		20___		20___		20___		20___	
Email	S	R	S	R	S	R	S	R	S	R

Name										
Address	20___		20___		20___		20___		20___	
	S	R	S	R	S	R	S	R	S	R
	20___		20___		20___		20___		20___	
Email	S	R	S	R	S	R	S	R	S	R

Z

Name										
Address	20___		20___		20___		20___		20___	
	S	R	S	R	S	R	S	R	S	R
	20___		20___		20___		20___		20___	
Email	S	R	S	R	S	R	S	R	S	R

Name										
Address	20___		20___		20___		20___		20___	
	S	R	S	R	S	R	S	R	S	R
	20___		20___		20___		20___		20___	
Email	S	R	S	R	S	R	S	R	S	R

Name										
Address	20___		20___		20___		20___		20___	
	S	R	S	R	S	R	S	R	S	R
	20___		20___		20___		20___		20___	
Email	S	R	S	R	S	R	S	R	S	R

Name										
Address	20___		20___		20___		20___		20___	
	S	R	S	R	S	R	S	R	S	R
	20___		20___		20___		20___		20___	
Email	S	R	S	R	S	R	S	R	S	R

Name

Address

	20___		20___		20___		20___		20___	
	S	R	S	R	S	R	S	R	S	R
	20___		20___		20___		20___		20___	
	S	R	S	R	S	R	S	R	S	R

Email

Name

Address

	20___		20___		20___		20___		20___	
	S	R	S	R	S	R	S	R	S	R
	20___		20___		20___		20___		20___	
	S	R	S	R	S	R	S	R	S	R

Email

Name

Address

	20___		20___		20___		20___		20___	
	S	R	S	R	S	R	S	R	S	R
	20___		20___		20___		20___		20___	
	S	R	S	R	S	R	S	R	S	R

Email

Name

Address

	20___		20___		20___		20___		20___	
	S	R	S	R	S	R	S	R	S	R
	20___		20___		20___		20___		20___	
	S	R	S	R	S	R	S	R	S	R

Email

Z

Name

Address _____

	20___	20___	20___	20___	20___
	S	R	S	R	S	R	S	R	S	R

Email _____

	20___	20___	20___	20___	20___
	S	R	S	R	S	R	S	R	S	R

Name

Address _____

	20___	20___	20___	20___	20___
	S	R	S	R	S	R	S	R	S	R

Email _____

	20___	20___	20___	20___	20___
	S	R	S	R	S	R	S	R	S	R

Name

Address _____

	20___	20___	20___	20___	20___
	S	R	S	R	S	R	S	R	S	R

Email _____

	20___	20___	20___	20___	20___
	S	R	S	R	S	R	S	R	S	R

Name

Address _____

	20___	20___	20___	20___	20___
	S	R	S	R	S	R	S	R	S	R

Email _____

	20___	20___	20___	20___	20___
	S	R	S	R	S	R	S	R	S	R

Name										
Address	20___		20___		20___		20___		20___	
	S	R	S	R	S	R	S	R	S	R
	20___		20___		20___		20___		20___	
Email	S	R	S	R	S	R	S	R	S	R

Name										
Address	20___		20___		20___		20___		20___	
	S	R	S	R	S	R	S	R	S	R
	20___		20___		20___		20___		20___	
Email	S	R	S	R	S	R	S	R	S	R

Name										
Address	20___		20___		20___		20___		20___	
	S	R	S	R	S	R	S	R	S	R
	20___		20___		20___		20___		20___	
Email	S	R	S	R	S	R	S	R	S	R

Name										
Address	20___		20___		20___		20___		20___	
	S	R	S	R	S	R	S	R	S	R
	20___		20___		20___		20___		20___	
Email	S	R	S	R	S	R	S	R	S	R

Printed in Great Britain
by Amazon